❶ 建筑思想

风水与建筑
礼制与建筑
象征与建筑
龙文化与建筑

❷ 建筑元素

屋顶
门
窗
脊饰
斗栱
台基
中国传统家具
建筑琉璃
江南包袱彩画

❸ 宫殿建筑

北京故宫
沈阳故宫

❹ 礼制建筑

北京天坛
泰山岱庙
闾山北镇庙
东山关帝庙
文庙建筑
龙母祖庙
解州关帝庙
广州南海神庙
徽州祠堂

❺ 宗教建筑

普陀山佛寺
江陵三观
武当山道教宫观
九华山寺庙建筑
天龙山石窟
云冈石窟
青海同仁藏传佛教寺院
承德外八庙
朔州古刹崇福寺
大同华严寺
晋阳佛寺
北岳恒山与悬空寺
晋祠
云南傣族寺院与佛塔
佛塔与塔刹
青海瞿昙寺
千山寺观
藏传佛塔与寺庙建筑装饰
泉州开元寺
广州光孝寺
五台山佛光寺
五台山显通寺

❻ 古城镇

中国古城
宋城赣州
古城平遥
凤凰古城
古城常熟
古城泉州
越中建筑
蓬莱水城
明代沿海抗倭城堡
赵家堡
周庄
鼓浪屿
浙西南古镇廿八都

筑境

中国榜样建筑100

⑦ 古村落

- 浙江新叶村
- 采石矶
- 侗寨建筑
- 徽州乡土村落
- 韩城党家村
- 唐模水街村
- 佛山东华里
- 军事村落—张壁
- 泸沽湖畔"女儿国"—洛水村

⑧ 民居建筑

- 北京四合院
- 苏州民居
- 黟县民居
- 赣南围屋
- 大理白族民居
- 丽江纳西族民居
- 石库门里弄民居
- 喀什民居
- 福建土楼精华—华安二宜楼

⑨ 陵墓建筑

- 明十三陵
- 清东陵
- 关外三陵

⑩ 园林建筑

- 皇家苑囿
- 承德避暑山庄
- 文人园林
- 岭南园林
- 造园堆山
- 网师园
- 平湖莫氏庄园

⑪ 书院与会馆

- 书院建筑
- 岳麓书院
- 江西三大书院
- 陈氏书院
- 西泠印社
- 会馆建筑

⑫ 其他

- 楼阁建筑
- 塔
- 安徽古塔
- 应县木塔
- 中国的亭
- 闽桥
- 绍兴石桥
- 牌坊

目录

011　一、禅林之冠龙泉寺

021　二、双峰合抱祖越寺

029　三、云烟氤氲香岩寺

039　四、深邃雄旷大安寺

045　五、众方拱揖中会寺

055　六、道观之首无量观

069　七、紫馆丹台南泉庵

075　八、群龙戏珠五龙宫

083　九、天造地设佛道场

093　大事年表

千山寺观

"自古名山僧占多",我国佛道两教多在风景绝佳的名山建立佛寺、道观。普陀山、五台山、峨眉山、九华山分别是佛教观音、文殊、普贤、地藏四大菩萨的道场,而青城山、武当山、崂山、泰山是供奉三清、真武、碧霞元君、东岳大帝等道教诸神的圣地。这些名山多有佛、仙传说,佛道在此修建寺观,以期得到佛法仙风的佑助而易功德圆融;名山之中不乏山林幽静之处,自然是潜隐默修之士喜居之地;山林多有景观优美奇特所在,寺观伴美景可更多吸引香客游人,以利佛道教义的弘扬。

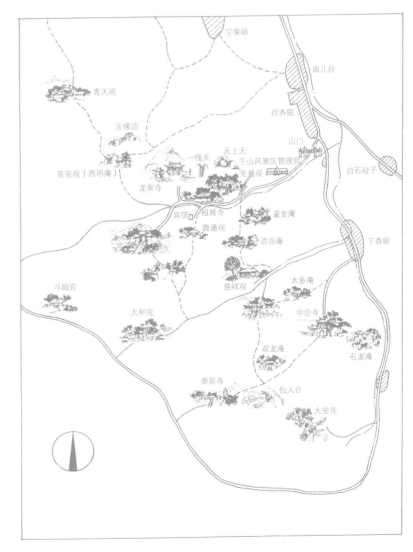

图0-1 千山寺观分布图
千山寺观众多,现仍保存良好的有五寺、三宫、六观、六庵。随着佛道二教的传入,千山逐渐发展为引人注目的游览胜地。

图0-2 千山风景区正门

建于1974年。牌坊式入口精致、壮观,造型与山峰的起伏轮廓一致。超人的尺度和入口前的巨大广场,显示了千山风景区庞大的体量。

图0-3 壮美的群山

千山峰峦众多,有"峰海"、"千峰"之说。山体为粗粒花岗岩组成,峰头裸露石岩,形态各异。群山植被完好,油松尤多,针叶翠绿,苍劲蔽天。图中鹅头状远山为千山最高峰——仙人台。

千山也是这样的名山。在面积达44平方公里的风景优美的群山中,散落着诸多寺观,它们犹如一颗颗珍珠,镶嵌在葱郁幽深的谷地之中。

千山风景区,位于辽宁省鞍山市东南25公里,有"东北名珠"之称。千山属长白山支脉,大约4亿多年前,这里曾是一片汪洋大海,经漫长的地壳运动与大自然风霜雨雪的雕凿,逐渐形成了今天的壮美雄姿。千山峰峦众多,素有"峰海"、"千峰"之说。早在宋绍熙二年(1191年),出现了"千峰"的称谓,元大德八年(1304年)出现了"千山"的名字。明清时有"千顶山"、"千华山"、"千朵莲花山"诸称,与"千山"之名并用,并沿用至今。

千山风景奇秀,山峰丹崖翠壁,千姿百态,显现着大自然的鬼斧神工。山谷长短不一,开阔多变,景色幽邃,富有神秘色彩。

图0-4 山谷中的明珠/前页

千山的寺观分布在四个景区，这些建筑点缀在千山万壑之中，与自然景物彼此烘托，融为一体，构成一幅幅优美、雅致的图画。

千山绝美的天然环境吸引着佛道二教的进入。北魏时期，佛教传到辽东，千山山麓就有了佛教徒的踪迹，远在1300多年前的隋唐之际，这里就有了小型的寺庙建筑。辽金时期，这里的佛教发展迅速，寺庙建筑发展到相当规模。明代初期，道教传入千山，清康熙六年（1667年）之后，道教发展很快。千山的寺观在兴盛时期有7寺、12观、9宫、10庵等共计38组建筑群。在幽深的山谷，朱门金瓦与明山秀水相映增辉，晨钟暮鼓与塔影风声相谐成趣。历经岁月的变迁，现千山仍存5寺、3宫、6观、6庵，它们分布在四个景区之中。北部风景区主要寺观有无量观、龙泉寺、祖越寺、南泉庵；五龙宫、中会寺、慈祥观等位于中部风景区；南部景区山高庙大，大安寺位于此区；西南风景区最主要的寺庙当为香岩寺。

随着佛道两教的发展，千山逐渐成为引人注目的游览胜地。据《辽阳县志》记载，唐太宗东征时曾驻跸于大安寺东侧的英烈观，并且畅游了千山风光；宋代，千山已发展成为影响较大的游赏之地；明代，以寺观为主要景观的名胜景点已达30余处；清代，以寺观为中心开发和命题的风景点进入盛期，到清末已发展到167处。千山成了辽东名胜之首，游人渐多，清圣祖玄烨于康熙二十一年（1682年）初夏曾游千山，面对如画胜境留下诗篇。

千山是国家级风景名胜区，在山中又发现了天然的弥勒大佛，已经成为未来佛祖的道场，这更使千山声名远震，驰名中外。

一、禅林之冠龙泉寺

千山寺观

禅林之冠龙泉寺

"梵宇起中天,重岩响碧泉。虚堂清晓露,幽壑野鸣蝉。窗外螺峰翠,松含象岭烟。空怜名胜地,尘世几高眠。"这是清太宗第六子,爱新觉罗·高塞咏龙泉寺的一首诗。诗中描述了龙泉寺所在的地势条件、环境特点以及风景的秀美。龙泉寺虽是千山"五大禅林"之首,其最大的殿堂大雄宝殿不过五开间,建筑面积只有127平方米,但这组寺庙让人感到气势恢宏,这应归功于恰当的选址和建筑群之前空间序列的精妙处理。此寺第一道山门位于干路岔口北行200余米的谷口,游人在山门前崎岖路径上举目可见东西两山欲合处耸立一石砌山门。屋顶上铺灰筒瓦,屋面坡度比清代为缓。墙面为暗红色,门洞为拱形。正面匾额镌有"敕建龙泉"四字,旁镌有"明万历三十八年"一行小字,相传为明神宗朱翊钧题。进入山门便是龙泉寺境界。门洞不大,仅可并行三、四人,正对山门是一座影壁,沿影壁折东再北,伴着淙淙泉水,绕过镌有"法水长流"的巨石拾阶蜿蜒而上,再经过一照壁便来到第二道山门。门上悬"古刹龙泉"的匾额,周围山石峭立,中开一窦,如天造地设一般。游人经过这一段岚烟松涛清泉的涤荡,喧嚣闹市的尘想早已抛向脑后。此门比头道山门更为窄小,让人感到空间的紧缩。过此山门抬头望去,空间豁然开朗,诸峰环绕中的龙泉寺就像张开的佛手上放着的一颗耀眼的明珠。整个建筑群顺山势层层展开,使人感到佛寺高大,气度不凡。

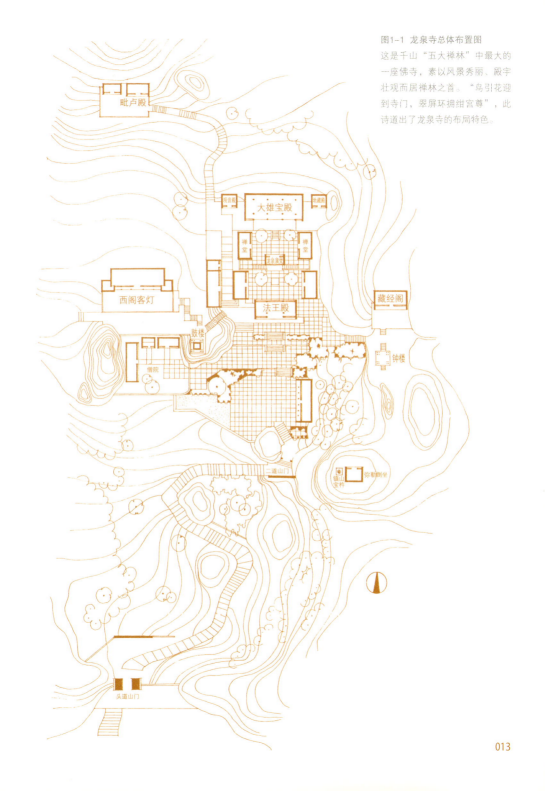

图1-1 龙泉寺总体布置图

这是千山"五大禅林"中最大的一座佛寺,素以风景秀丽、殿宇壮观而居禅林之首。"鸟引花迎到寺门,翠屏环拥纽宫尊",此诗道出了龙泉寺的布局特色。

千山寺观 — 禅林之冠龙泉寺

龙泉寺是千山最早创建的古刹之一,寺内现存明、清碑记载其"始建于唐,盛于明清",据多种史料和建筑情况看,龙泉寺大规模兴建是明代之后。现大雄宝殿、法王殿及配殿等主要建筑均建于明代,到了清代,又在原有基础上增建殿宇和配房,乾隆年间达到今日建筑规模。现有建筑13幢,建筑面积近900平方米。

龙泉寺可分为东、西、南、北、中五组建筑。正中的一组建筑最多、地位最高。在南北轴线上有三座重要的佛殿,最南为法王殿、最北为大雄宝殿,两殿之间为"龙泉演梵"。轴线两侧为配殿。

图1-2 头道山门
建于寺前里许,东西两山欲合处。此地为龙泉寺一景,名为"山门峡谷"。山门正面匾额镌有"敕建龙泉"四字,相传为明神宗朱翊钧亲题。

图1-3 二道山门/对面页
此山门东侧紧临山崖,西侧是高石墙,使原本不大的山门显得更加紧锁,经过此门空间豁然开朗。门上悬有"古刹龙泉"金字匾。

图1-4 法王殿
进入二门后首先看到的是法王殿。单檐歇山式屋顶，屋面坡度平缓，正脊雕有游龙戏珠图案。檐下设五铺作斗栱，斗栱彩画多用金漆，在阴影中闪烁着点点金光。因大殿建于高台之上，屋顶更显得轻灵、舒展。

进入二门，迎面就是高台之上的法王殿。此殿和大雄宝殿都是单檐歇山式建筑，灰色筒瓦，正脊上有游龙戏珠图案，漆成明黄色。檐下置五铺作斗栱，梁枋上满绘彩画。屋顶坡度比清官式平缓，因两殿都在高台之上，从下面望去屋面显得更为舒展。值得一提的是斗栱及檐下彩画多用金漆，所以在屋檐阴影里的彩画熠熠生辉。这组建筑中最有特色的当属"龙泉演梵"了。法王殿和大雄宝殿地坪高差近5米，两殿居中之地是龙泉涌出之所，正是该寺得名之来由。在法王殿之后沿着龙泉用块石砌起一段挡土墙，从而在二殿之间形成二阶庭院，第二个庭院的高度恰好是二殿高差的一半。在泉眼处修建起一座三层一开间的小楼，其上层为观音殿，北向，坐落在第二个庭院上；中层为龙王殿，南向，横额刻"龙泉演梵"四字；下层有一拱形小门，内为一池泉水。"龙泉演梵"两大殿的高差提供了视觉的缓冲，保护和强调了龙泉寺的精华——龙泉，为大慈大悲的观音菩萨设立了道场空间。

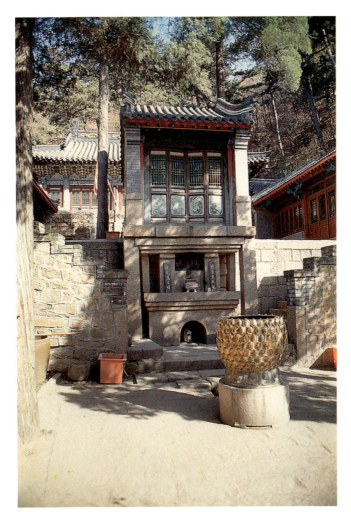

图1-5 龙泉演梵/上图

设在法王殿与大雄宝殿之间的"龙泉演梵"是龙泉寺最有特色的建筑。这座硬山卷棚式单开间"楼阁",丰富了庭院空间,突出并保护神水——龙泉。

图1-6 中路建筑鸟瞰/下图

中路建筑在南北轴线上,由四棵柏树围合的建筑是"龙泉演梵"。这独特的建筑小品,使龙泉寺有了百般的灵气。

千山寺观　禅林之冠龙泉寺

筑境　中国精致建筑100

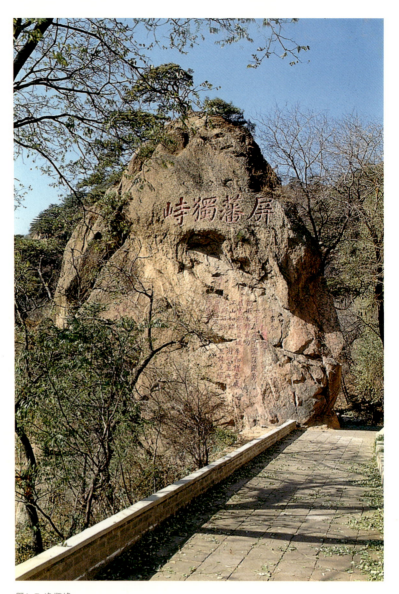

图1-7 净瓶峰

位于"西阁客灯"南的小径旁。这块巨岩上镌刻着"屏藩独峙"四个大字。其下有跋，讲述了中日甲午战争时自发组织的民勇百姓抗击倭寇保卫辽阳的一段史实。这段文字是清朝光绪年间辽阳知州徐庆璋所题。

图1-8 山谷中的龙泉寺
从"弥勒倒坐"俯视龙泉寺。龙泉寺峰拥峦抱,地势优越。毗卢殿后的峭壁上刻有"吐符应生"四个大字,为明隆庆二年(1568年)巡辽侍御盛泰宇所题。对此四字释家众说纷纭,成为千古疑案。

东侧一组建筑在东面山岗上，是藏经阁和钟楼；西面一组建筑主要是"西阁客灯"，位于净瓶峰北人造平台上，环境甚为雅静，清乾隆太史王尔烈及其好友曾在此读书。大雄宝殿后，弥勒峰下是北侧一组建筑毗卢殿和静室。在南面只有弥勒殿和两座山门。

龙泉寺中路东南有一山岗突兀前伸，绕寺而行，相传这块巨石当年曾不断延伸，为避免其将山谷封死，设一石杵插向山头，称为镇山宝杵。在宝杵之东就是一间硬山式的弥勒殿，内塑弥勒佛面向北的坐像，又称"弥勒倒坐"。弥勒是未来佛主，其塑像一般应坐北朝南，该寺的这一违背常规的做法令人费解。有一说是让佛祖在这里"北向以镇守天门"，以弥勒殿挡住外泄的吉气，以改变龙泉寺的风水。高高的弥勒殿与法王殿相对，在这里可以总览龙泉寺全景，同时也是对天然景色的装点，这是空间序列之末的神来之笔。

二、双峰合抱祖越寺

祖越寺为千山五大禅林之一。相传，在始建寺时有一位祖师从此路过，因仔细察看这座寺庙，遂名祖越。据碑文记载："自李唐时，选其地址之胜，创建五大禅林，而唯祖越一寺景致最佳。"可见这最佳的景致来自正确的选址。祖越寺位于千山北沟，北侧雄伟的弥勒峰向两侧伸出臂膀，将其捧在胸前，形成弥勒喜古刹的巧妙空间构图。环境的精灵之气，顿然跃出，山水与寺庙相得益彰。清康熙帝在《祖越寺》一诗中写道："青山横古寺，羽旆陟层巅。地僻茅堂小，桥危石径穿。"康熙时这座寺院已不是初始的祖越寺了，因原址地势较低，山洪暴发，大部分殿宇已被冲毁，明代在寺原址的上方重建祖越寺，多次维修扩建，逐渐又形成较大建筑群。清朝康熙六年（1667年）道教传入千山后，将万佛阁、玉皇顶、观音洞等处划为道教，祖越寺范围缩小。

图2-1 祖越寺总体布置图/对面页
该寺地势条件甚佳。北靠雄伟的弥勒峰，东西山峰将寺抱合；周围松涛涨壑，花雨浮空，景色优美。全寺坐落在人造平台上，组群横向发展，主轴线上一组建筑布局严谨。

祖越寺山谷前路边的开阔处有一凉亭，它既是游人歇息纳凉、观山望景的场所，又是去祖越寺者暂时驻足之处，该亭告诉人们向北走去就是景观精华所在。因为亭的四周有四棵古松相伴，故俗称四松亭。此亭为六角重檐攒尖式，梁枋绘有《红楼梦》、《西游记》中的故事和人物，向上仰视可见上面不落地内柱所形成的垂花柱，红色柱身，下设三级花岗岩石阶。该亭在青山绿水之中甚为醒目，真正起到了点景作用。四松亭建于1979年，其位置是明代前祖越寺"天王殿"的旧址。原亭建于清初，位于南山东坡，曾名为"接官亭"。清乾隆太史王尔烈以其名过俗，易为"来鹤"，其意在于纪念化鹤而去的丁令威。相传，丁令威是汉代的辽阳人，曾任辽阳知州，为官清廉，曾私放国库之粮赈济灾民，被朝廷处以极刑前，丁令威乘鹤而去。此神话在民间广泛流传，表达了人民的爱憎，也使来鹤亭平添了几分神秘色彩。

图2-2 祖越寺鸟瞰
黄色琉璃筒瓦屋面的钟楼、鼓楼在组群之中非常醒目，强调了主体建筑大雄宝殿的地位。图示为寺院的横向空间。

图2-3 天王殿和钟楼

天王殿是近年新建的仿清式建筑。钟楼形式古朴而玲珑，攒尖式屋顶坡度较平缓，在修建天王殿时没有将其完全翻新。

图2-4 大雄宝殿/上图

高台上的大雄宝殿显得舒展大方，其条石槛墙采用当地的石材砌筑，明黄色的正脊、垂脊、戗脊加强了舒缓的屋面轮廓的节奏感。

图2-5 大雄宝殿的飞檐翼角/下图

大雄宝殿的檐口形成一条飞动弧线，使屋面显得轻灵、生动。这效果主要来自飞檐翼角的做法，从图中可清楚看到角梁和檐椽的安置方式。

从四松亭北去一段路程，抬眼可见坳谷中的祖越寺。一道高10余米，长50余米的石墙，将坳谷口闸住，形成石土垫平的庙基，祖越寺诸殿坐落在这平台上。因环境的限制，山门设在东南角，仅一间，显得质朴小巧。祖越寺的大雄宝殿不似一般佛寺正殿那样高大威严，而是舒展轻灵，很有园林建筑的味道和一种亲切感。这是一座面阔五开间，进深三开间的单檐歇山式殿堂，建筑面积只有152.3平方米，其槛墙（窗下墙）用与山体相同的石料砌成，并且转向山墙，让人感到建筑和环境有着密切的关系。大殿屋面的处理也是十分精彩的，这个屋面坡度较缓，而且歇山的山花板向内收了几乎一个梢间（收山做法），比清式做法大得多，这样使正脊变短，戗脊伸长，屋面显得很舒展。这个屋顶的翼角翘起较高，使得建筑檐

图2-6 大雄宝殿室内梁架

大殿内不设天花板，梁架外露。梁架之上遍施彩绘，且多用金色、红色，使殿内显得色彩灿烂，渲染了佛殿的神圣气氛。

口形成一条飞动的弧线。屋顶的正脊、垂脊、戗脊、游龙及走兽都刷了明黄色漆，形成一道亮亮的轮廓线，强调了那舒展欲飞的屋顶。由灰瓦叠成的透脊上雕有二龙戏珠图案，正中火焰珠强调了中心的位置。天王殿东西两侧是钟鼓楼为二层，四角攒尖式屋顶，下实上虚，小巧玲珑。钟鼓楼、大雄宝殿都是明代建筑，虽经多次修葺，仍不失原有风格。

三、云烟氤氲香岩寺

《辽阳县志》载:"寺当山阳,花极盛,春夏之交,满山花开,香气氤氲,故名香岩寺。昔人谓香岩在诸寺中名胜最多,为一山之冠。盖龙泉至狭,大安近险,祖越亦少迂回,惟香岩处境既旷,近复双崖夹护,鸟道千盘,如往而复,万树参差荫翳,时有怪石出其间。"地处千山南部的香岩寺,虽在诸峰环抱之中,但因其位置较高,且距山较远,故有旷远开阔之感。此寺不仅自然景观秀美,而且文物古迹颇多。雄踞寺东南上的"双峰塔"是金代留下的古塔,也是千山现存最古的建筑。该寺山门外的碑林,有不同时期的石刻10余块,其中元代石碑为千山中现存最古者。此外,在寺的周围还存有辽金石亭、古墓等众多早期建筑。香岩寺是千山的文物宝库,这些文物记述着千山及该寺的沧桑变化,述说着无尽的故事。

图3-1 香岩寺总体布置图/对面页
千山西南的香岩寺位于仙人台西下香岩谷内,为千山五大禅林之一。该寺钟鼓楼、天王殿、地藏殿为20世纪末修建,寺院沿南北轴线向南扩展。

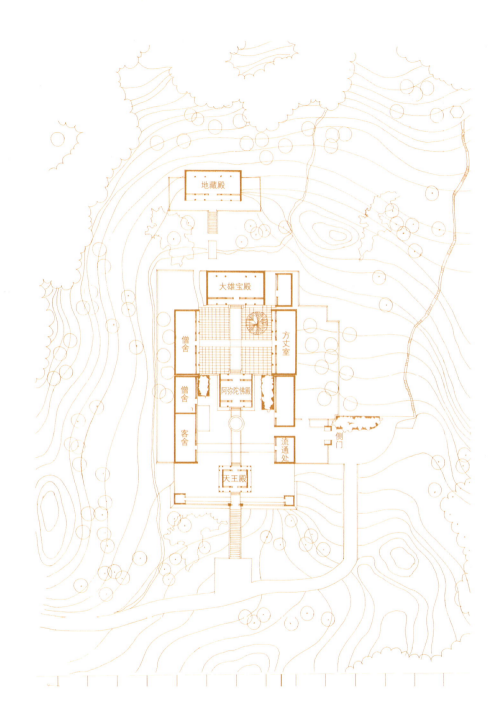

香岩寺的选址令人赞叹。观察该寺，其北有连绵高山群峰为屏障，千山第一峰仙人台距寺仅二里。东西有山峰围护，左右有狮峰象岭，前有将军峰，更为奇特的是大雄宝殿前的"蟠龙松"，其冠如华盖，掩罩着整个院子主干粗数围，在一人高处水平伸出五个支干，每支如蛟龙盘曲而上，高出大殿后腾空而起，总高约15米。这棵油松栽于唐代，至今已有千余年的历史，成为远近闻名的特异景观，相传香岩寺因巨松而定址的。"山不在高，有仙则名"，有了这棵"蟠龙松"，香岩寺有了灵气，有了百倍的身价。

香岩寺原有正殿、法王殿、禅堂、客堂等共十幢建筑，计34间，近些年又复建了钟鼓楼、天王殿、地藏殿，始成如今规模。因为增建需要，基地平台向南扩展，使台地更为高耸，远处看去台地层叠，寺院显得雄旷。笔直的石砌台阶引向高台正中的山门。

图3-2 高台上的香岩寺/前页
该寺虽处在群山环抱之中，但因其位于高台之上，故显得格外挺拔雄健。三层宽阔的石砌平台和笔直的石级把寺庙建筑衬托得更加壮观。

图3-3 九曲蟠龙松
大雄宝殿前这棵油松，主干粗数围，支干如蛟龙纵横游动，人称"九曲蟠龙松"。这是佛寺之宝，据说因此松而选定现寺位置。相传此松栽于唐代，至今已有千年。

图3-4 天王殿斗栱
该殿和大雄宝殿的斗栱都带有龙象的装饰,这在佛庙建筑中是极为罕见的做法。《维摩经》有语:"菩萨势力,譬如龙象",斗栱上的龙象喻义佛法无边、佛门威力无穷。

图3-5 大雄宝殿檐下做法
图中可见檐下斗栱及檩、枋的做法。雀替上的图案为透雕十八罗汉本生故事,人物姿态表情各异,雕技精良,堪称精品。

在南北中轴线上只有四幢建筑,从南到北依次为山门、天王殿、阿弥陀佛殿(原为法王殿)、大雄宝殿。阿弥陀佛殿内供奉阿弥陀佛和辅佐菩萨——观世音、大势至。此殿开间进深皆为三间,前后设有回廊,硬山式,黄色琉璃瓦顶,正脊设有二龙戏珠砖雕。绕过此殿,就见到纠枝蔽日的蟠龙松所掩映的大雄宝殿了。该殿面阔五间、硬山式,前有回廊,廊内可见八楞石柱,屋顶铺黄色琉璃瓦,斜脊上设五走兽。有人称该寺建筑艺术最为精彩,这主要指大殿及阿弥陀佛殿斗栱独特的做法及雀替雕刻的精美。两殿的斗栱上都有龙、象的装饰,这是极为罕见的。这里的龙象是喻示佛法无边、佛门威力,维摩经有语:"菩萨势力,譬如龙象"。大厅的雀替图案为透雕十八罗汉本生故事,雕技纯熟,十八个人物姿态表情各异,可以说是千山一绝了。大殿内供奉释迦牟尼佛、观音菩萨、地藏王菩萨。

图3-6 大雄宝殿室内布置
殿内灯、花、幢、幡罗列庄严。主佛坛旁摆放钟、鼓、木鱼、磬等法器,以备寺院做早晚功课和大型佛事所用。

从正殿西侧石阶上行可达地藏宝殿。该殿面阔五开间，不设斗栱，朴素端庄。大殿内供奉地藏菩萨及胁侍道明、闵公。唐代有一位新罗（现朝鲜、韩国境内）王子，名金乔觉，号称金地藏，来到我国安徽九华山出家，后闵公献出九华山作其道场，并与其子先后出家成为他的胁侍，后人称他为地藏菩萨的化身。该殿有一副楹联，其下联云"故乡远离献丹心一片常存正气护禅林"，讲的就是这段故事。

香岩寺建筑构筑奇巧，文物丰富，山光水色秀美瑰丽，"仙踪独向此中潜，树色山姿异所瞻"。这里是游人寻遗怀古、览胜觅幽的佳境。

四、深邃雄旷大安寺

"千山山势以秀耸著奇，而大安一角独称雄旷"。大安寺位于海拔500米以上的千山南部的文殊普贤峰下的坳谷中，在千山五大禅林之中，被称为"高山古刹"。

大安寺为佛教传入千山后最早建立的寺庙之一，通明峰悬崖上迄今保留着唐代以前的古庵遗址及麻绳纹的瓦片，据说唐太宗李世民东征时曾住跸于该地英烈观。现庙为明代所建，清嘉庆年间，该寺曾毁于山火，后经多次重修。大安寺现有山门、天王殿、正殿、钟楼配殿等建筑33间，它们基本保持着清代的建筑风格。

游人从山下来到寺前要走很长一段蜿蜒而行的山路，山路的转弯处对景巨石上安放几尊佛像，表明这里已是佛门禁地了。几经曲折，忽见造型稳重、朴素典雅的山门。这是一座单檐歇山式建筑，花岗石砌就，中设一拱门，门楣上刻有"敕建大安禅林"六字。拱门右石壁上嵌有石碣一方，记述道光十三年重修山门事宜。门前有石狮一对，分列两侧，系方丈童灵于民国24年（1935年）立。东为雄狮，右爪戏玩绣球，西为雌狮，左爪搂抱一立姿小狮，两狮雄踞须弥座之上，有雄震山林之感。

图4-1 大安寺总体布置图/对面页
位于千山风景区南部的大安寺，群峰环抱，地处海拔500米以上的坳谷中，俗称高山古刹。现庙址为明代所定。佛寺由横向两跨院落组成，东侧院落南北轴线上坐落着山门、天王殿、大雄宝殿。

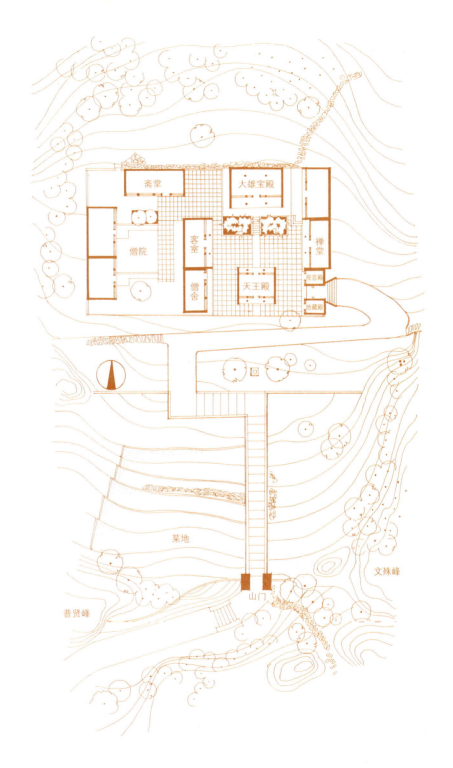

图4-2 石砌山门
位于金刚峰与璎珞峰之间,花岗岩块石砌就,中设一拱门,门楣雕有"敕建大安禅林"六字。门内束壁嵌有石碣一方,记述重修山门之事。门前石狮为方丈童灵于民国24年设立。

进入山门可见一两阶庭院北端高高耸起的院墙,天王殿露出半个身形,屋顶满铺青瓦,硬山式,很是素朴。走过一"之"字路,进入东南角的角门,对面即为天王殿。天王殿前对山门,后对主殿,位于南北轴线上。主殿供奉中、东、西三世佛,即娑婆世界的释迦牟尼、东方净琉璃世界的药师佛和西方极乐世界的阿弥陀佛。主殿也为单檐硬山式,砖石结构;面阔三间,进深三间,屋顶铺青瓦,正脊有青砖雕就的游龙戏珠图案,斜脊尾端设三走兽。檐下设七踩斗栱,斗栱及梁枋遍施青绿彩画,可见大殿素朴之中透出的华丽。明间的门心板上雕有"喜报三元"、"三阳开泰"、"封侯挂印"等六个民俗故事,雕工精巧,造型生动,这些精美的雕刻折射出工匠们的虔诚和高超的技艺。大殿坐落在1.4米的石砌高台上,显得端庄、稳重。

图4-3 东望大安寺/上图
图中可见东侧主院落全景。所有建筑全为硬山式，外观素朴。院东南的角门旁斜向立有影壁，影壁上书"阿弥陀佛"四个大字。东侧坡地上是一片菜地，显现着田园风光，营造着出世氛围。

图4-4 大雄宝殿外观/下图
单层硬山式大雄宝殿坐落在1.4米高的石砌高台上，显得端庄、素朴。山墙用石块与砖嵌砌成花式，造成了一种由基石向山尖的逐渐变化的趣味。

钟鼓楼位于天王殿两侧是通常的规制,但大安寺的钟楼却立于寺东远离大殿的璎珞峰下。钟楼为歇山式,两层,内藏明嘉靖九年大钟,重千斤,因为建筑承受不了如此荷载,一直未能悬挂。钟上铸文有"大明嘉靖九年八月十五日造"等字,此钟已成为千山重要文物。

大安寺的建筑数量很少,形式单纯,自然分量增大。由于寺内建筑、佛像的分散,扩大了寺的范围;周围山峰多以佛学术语命名,如金刚、佛手、文殊、普贤等,使人感到山与寺的亲密关系;大安寺十六景的景名也多让人联想起佛国世界,如金刚镇地、佛手擎空、香炉暮霭、石洞藏云、宝塔迎风、钟楼远眺等。这里山即是寺,寺即是山,山寺相融,相互赋予了无限的生机与灵性。难怪清光绪太史缪润绂在《游大安寺看山喜赋》一诗称赞大安寺"观山同相士,气象出群难。岗影飞溪底,骚怀跃笔端。怪峰魁五寺,全地控三韩。获遂鲲鹏想,还应属大安。"

图4-5 主殿佛尊
大雄宝殿供奉娑婆世界的释迦牟尼佛、东方净琉璃世界的药师佛和西方极乐世界的阿弥陀佛,释迦牟尼佛两侧是侍从迦叶、阿难两尊者。佛祖结跏趺坐在莲花宝座之上,造型生动,庄严中又带有亲切感。

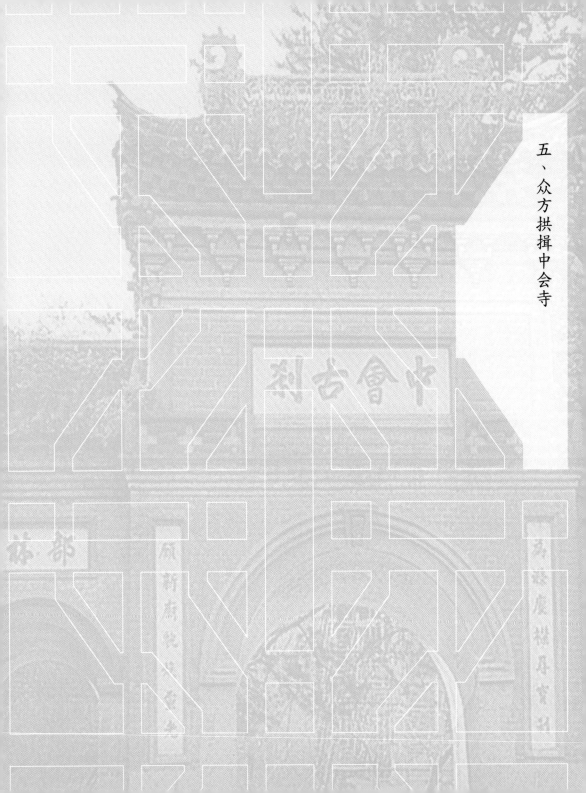

五、众方拱揖中会寺

中会寺地处龙泉、祖越、大安、香岩四寺中部,"襟龙泉而带祖越,接大安而引香岩",又因当年五寺僧众凡议会多集于此,故名中会。

入千山中沟数里可达中会寺山门。寺院山门一般建在主要殿堂的附近,但此山门掩映在高大繁密的树林中。山门为砖砌,中部高起,檐下设砖雕斗栱,设三拱门,构图精美、别致,门上横书"中会古刹"四字。该门修建于民国23年(1934年),门内有石碑记载修建经过。过了山门人们把群峰围绕的谷地都知觉为中会寺境界了,据此可以想见设计者的雄浑气魄和机巧活变。转过山门不远,即可望见一山峰巨石上的白色砖塔,上尖下方,形如瓶状。小塔下的巨石如天外飞来之物。怪石使小塔生辉,小塔令巨石瞩目。"招提(指寺院)寻未见,先见净瓶峰",这句话道出这特异景观的点景作用。这时眼光下移就可见到中会寺两组主体建筑群了。

图5-1 中会寺总体布置图/对面页
千山五大禅林之一的中会寺位于千山中部。寺院四面环山,占地较大,分为山门、上院、下院三组建筑。上、下院轴线不在一条直线上,且不在一个方向上,寺院空间组织追求与山势相和的谐调。

这两组建筑一上一下分布在五老峰南坡上,它们的轴线不仅不在一条直线上,且不在一个方向上,这和佛寺一般都取南北布局不同,而是按照山形地势,使建筑的方位完全与地形相吻合。

坡下部的一组可称为下院,位于石砌挡土墙所造成的基地上。在人造高台前端,前殿天地楼拔地而起。这是一座特殊的建筑,是千山仅有的两座楼式殿堂之一。该殿建于清代,上下两层,歇山式,因为出檐深远,戗脊长,山花很小,所以远处看去很像庑殿式建筑;两侧是小巧的卷棚悬山式角门。下层设一拱门,下虚上实,构图十分稳重。天地楼内供奉的是天地神而不是佛和菩萨。下院的正殿为大禅堂,也称经堂。此殿五开间,硬山式,位于下院后部高起的台基上,两殿地坪相差近2米。

图5-2 山门

这座三跨牌坊式山门面东,南抵山坡,北临道路。砖砌歇山顶,翼角高扬,正脊透空雕饰和砖构斗栱十分精巧。正门上额横书"中会古刹"四个大字。此门被称为中会寺第一景。

图5-3 中会寺全景
高低错落的屋顶与山势的起伏相对应。两组建筑与谷地的关系显示出寺院对环境的尊重,寺东山顶上有一座白色小塔,高约米许,远望如瓶,故此峰称为"净瓶峰"。

图5-4 钟、鼓楼/后页
这是千山唯一两座盝顶式建筑,屋顶约占全高1/3,出檐深远,很有古风。其中间的建筑是韦驮殿,庑殿顶,但因正脊过短,已很有攒尖顶的味道了。

众方拱揖中会寺

千山寺观

筑境 中国精致建筑100

沿下院西侧的山径可达上院。上院的主殿是中会寺的正殿，称为释迦殿，殿内塑释迦牟尼、药师佛、阿弥陀佛。该殿重建于明朝万历八年（1580年），三开间，硬山式，面积约100平方米。殿的正脊原设有生铁铸成的透龙铁脊，是中会寺一大景观，可惜于"文化大革命"中被毁。

正殿的南面是韦驮殿，三开间，仅有36平方米。此殿庑殿顶，垂脊很长，正脊缩短，所以有攒尖顶的韵味。殿东西两侧分别为钟楼、鼓楼，是千山唯一的两座盝顶式建筑。钟鼓楼下层为青砖砌筑，上层屋檐下仅有梁枋，显得极为空灵。屋顶约占全高1/3，比例很大，下设五踩斗栱，很有古韵。

中会寺的殿宇造型是刻意追求建筑美的。屋顶形式有庑殿、歇山、悬山、盝顶、硬山，显得丰富多彩；空间布局不落俗套。中国古建筑等级森严，一般庑殿、歇山式建筑比硬山式建筑要高级得多，但无论是上院还是下院的主体建筑都是民间的硬山式，而其前排建筑却是

图5-5 释迦殿外观

作为中会寺正殿的释迦殿却采用了简朴的硬山式屋顶,其正脊原为明万历年间铸造的二龙透雕铁脊,是千山一绝,惜于"文化大革命"时被毁,现脊为重新修复,非铁脊。

庑殿、歇山、盝顶式，表面看显得极不合常理。这道理就蕴含在寺院所处的环境中，寺院设在比较陡峭的山坡上，两院前排建筑都处在非常显要的位置，所以屋顶选择了轮廓线丰富的形式，它们的形象就代表着整体寺院的形象。

　　近些年寺院殿堂功能有所改变，大禅堂已改为观音殿，韦陀菩萨住进了天地楼，而且增建了几幢新的建筑。下院角门两侧增加了两座像钟、鼓楼式的建筑，这是为使上、下两院建筑的总体形象相接近。

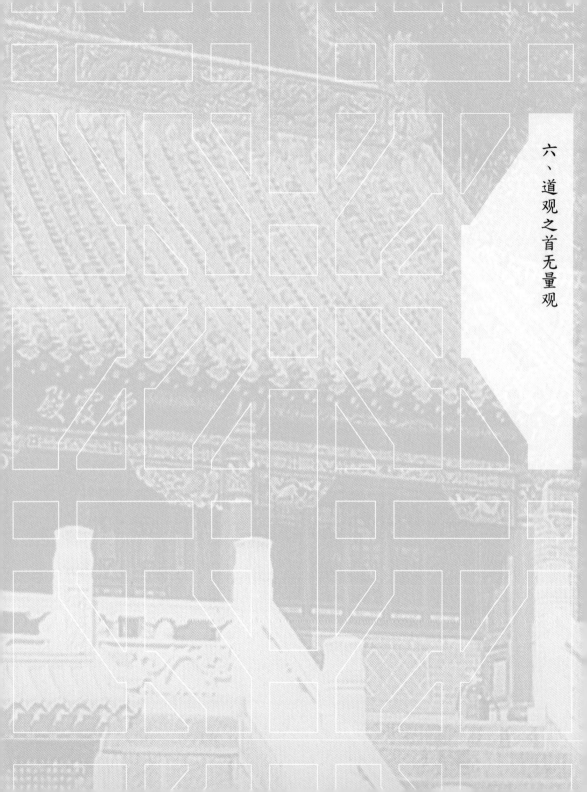

六、道观之首无量观

无量观是千山最早的道观，始建于清康熙十七年（1678年），创始者是龙门派道士刘太琳。无量观也是千山建筑规模最大的道观，至道光二十六年（1846年）建成今日中路、西路规模，1992年根据先师刘太琳遗愿，该观道士修建了东阁。现无量观有26栋建筑，总面积约800平方米。

中路是无量观的主体，从观前道路至山巅玉皇阁绵延数里，空间序列开合多变，景色幽旷迷人。当游人从旗杆松处起步，沿石阶蜿蜒而上约里许，在树木掩映中可见一台三塔。这自然的浑圆石台称为"聚仙台"，传说曾有仙人聚集于此。其周围的三塔，依次为八仙塔、葛公塔以及祖师塔。八仙塔建造最早，是为六角十一级密檐砖塔，塔高13米，塔身有八仙砖雕，是刘太琳的一名俗家师弟为其打坐而建的。塔建成以后，刘太琳觉得自己不能僭越八仙之上，因此未用。三塔之中，葛公塔建造得最为精细，塔身用细质花岗石砌筑，六角

图6-1 无量观总体布置图/对面页
作为千山最大的道观，共有8组建筑，总面积约800平方米。由于采用了自由式布局，将殿宇散落在千山北沟内，或偎于山谷，或悬于半山，或耸于山巅。该观布局精巧别致，与优美的自然环境融合为一体。

1.八仙塔；2.聚仙台；3.葛公塔；4.祖师塔；5.售票处；
6.护法堂；7.钟楼；8.九龙壁；9.配殿；10.碧霞殿；
11.土地庙；12.鼓楼；13.慈云殿；14.客房；15.山门；
16.流通处；17.道士用房；18.仓房；19.厨房；20.茶房；
21.三官殿；22.老君殿；23.伴云庵；24.玉皇阁

七级，高9.75米，民国初张学良将军等捐款为沈阳太清官方丈葛月潭所建。祖师塔在这两塔上方，高约3米，六角形，由当地粗粒花岗石砌就，这是开山祖师刘太琳的墓塔。幽静的山路，造型各异的砖石塔，营造出浓郁的出世氛围。预示了独特的主体空间展开。

走过一台三塔，来到一处人工平台，由此望去，可见二峰间险峻之处，有高数米、长约40余米的石砌挡土墙。沿墙西行，来到西端悬崖下的山门，山门两侧为八字形照墙。由此往西是西路建筑群西阁，东行可到东路建筑群东阁，穿过山门则是中路建筑空间序列了。山门右侧是一平台式庭院，有四幢建筑，名"十方堂"，是道观的服务部分。

十方堂的北山坡石堰平台上坐落着无量观主殿——三官殿，供奉的是天官、地官、水官，也称"三元"。三官考校人间善恶之事，各有所司。天官赐福，地官赦罪，水官解厄，三官所司之职因与人的荣辱祸福相关，故受到广泛崇奉。该殿建于道光二十六年（1846年），装饰很精彩，檐下彩画多为日月、花鸟、山水，是民间做法，雀替上的雕刻多为龙

图6-2 北沟三塔/对面页
在去无量观的沟谷内，依次排列着八仙塔、葛公塔及祖师塔。三塔造型各异。山峰中部露出的建筑为东阁。

凤、麒麟，墀头上施有暗八仙雕刻，这些装饰母题，鲜明形象地反映着道教追求吉祥如意、长生久视、羽化登仙的思想。此处是无量观的中心，四面景色各具特色，奇峰、秀石、苍松、古庙令人目不暇接。由此向东，可到老君殿、玉皇阁。

老君殿位于莲花峰悬崖下的密松林间，面阔三间，硬山式。殿前有柏树二株，为康熙年间栽植，已有200多年历史。柏树位于阶前，与明间相对，给该殿增色不少。殿内塑元始天尊、灵宝天尊、道德天尊神像，这三位是道教最高神，称为"三清"。

由老君殿向东北折去，到东山玉皇顶峰尖可见二座小巧的建筑。峰顶南侧小殿称为玉皇阁，一开间，歇山顶，砖石墙，正面仅砌有一门一窗，门窗上方有一条条石阑额，上置石雕四铺作斗栱。据说此殿建于唐代，历经千余年竟未倾圮。该殿原是驻兵的指挥所，现供奉的是玉皇大帝神像。玉皇阁被称为"观顶"，内供奉玉皇。阁前是很小的砖铺半圆形庭院，四周砌有半人高的围墙。玉皇阁西是一间简朴的硬山庵堂，因其阴雨天常锁在云雾中，故名"伴云庵"。

无量观最优美的去处要数西路的西阁了，它宛若精美的盆景，坐落在半山腰上。西阁的建筑中，有一座玲珑精巧的歇山顶鼓楼，两个石块精细铺砌的平台，三层精妙的小院，四座精美的院门，五六栋精致的硬山观舍，给人以"小院深深"的中国传统园林景观之美。

图6-3 三官殿

该殿是无量观的主殿,五开间,硬山式。檐下彩画装饰华丽,多用金色。在殿北高耸的峭壁上刻有"振衣岗"三个笔力遒劲的大字,左上方尚可辨出"明隆庆四年浙江人向程书"的字样。相传,唐王李世民东征曾经此地,并在这里抖动战袍。

西阁的正殿名慈云殿,殿内正中供奉观世音菩萨,两侧供奉的是子孙娘娘和眼光娘娘。游客至此会问:"观音菩萨本为佛教供奉,为什么进了道观呢?"《辽阳县志》记载了这样一个传说为我们作了回答。无量观建观之前,这里原为祖越寺地产,在西阁后的一个天然山洞——罗汉洞内塑有十八尊罗汉拜观音的塑像。无量观建成后,道士易观音为真武,成了"道居正中,佛立两旁"的格局,引起山中佛教徒的不满,刘太琳为缓和这一矛盾,撤掉洞中真武像,在罗汉洞口石壁上题"释道同源"四字,并在西阁建慈云殿供奉观音。

图6-4 老君殿
位于莲花峰悬崖下密松林中的老君殿,面阔三间,硬山式。殿前康熙年间栽植的两株柏树为该殿增辉。

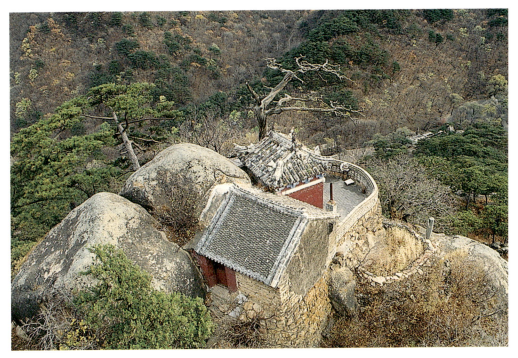

图6-5 玉皇阁俯视
玉皇阁位于玉皇峰顶南端,依巨石而建为歇山式砖石建筑,构造十分坚固,相传始建于唐代,原是驻兵之处。其后的硬山式庵堂为伴云庵。

图6-6 半山上的西阁/后页
从三官殿处俯瞰西阁,像是欣赏一件精美的盆景。几栋精致的硬山观舍依山就崖,精巧的歇山顶鼓楼坐落在台地前端,一棵精美的银杏树展现着落叶前的辉煌。

千山寺观

道观之首无量观

筑境 中国精致建筑100

千山寺观 | 道观之首无量观

图6-7 慈云殿
这是西阁的正殿，同一座殿中供奉佛、道两教的神像。屋面正脊是明黄色扣瓦透脊，檐下是华美的彩带，这两道横向的划分使该殿显得端庄、有序。斜脊上方两块巨石是无量观"天上天"景观。

图6-8 东阁外院／上图
华美的垂花门、形式各异的景窗、汉白玉的九龙壁、精致的铺地，让游客感觉到的是居家的轻松，园林的浪漫。

图6-9 东阁内院／下图
内院后部2.4米高的平台上坐落着东阁正殿碧霞殿。汉白玉石的栏杆和朱红的门窗、檐柱形成鲜明的对比，使院落空间显得十分精致。

近年修建的东阁建于东南山岭的半山腰处,与西阁遥相呼应。这里的殿房都是仿清式建筑,构造精巧,设有垂花门、九龙壁、什锦窗等。东阁比其他殿堂多了一些轻松、浪漫的园林气氛。

无量观诸多殿宇散落在千山北沟风景区内,与奇丽的风景相伴,与自然天成的地势相依,或耸于山巅,或嵌于峭壁,或偎于山谷,或悬于半山,显得十分轻灵、潇洒、得体。道家"无为"、"谦下"、"顺其自然"的思想,在这里得到了很好的体现。

七、紫馆丹台南泉庵

南泉庵坐落在千山北部的南泉谷，庵前山谷的石丛之中常年涌出清澈甘洌的南泉之水。该庵处于东、西、北三座山峰围合的谷地的高台上，庵门前是一跑到顶的40级台阶。整个建筑群依山面壑，高耸雄旷。古人曾赞道："紫馆丹台仙境好，遥看只有白云深。"

登上门前笔直石阶便是山门。山门仅一间硬山式，两侧是粉墙。门扇是深红色，在雪白的墙面和浓绿的树木衬托下显得格外醒目。

过山门，迎面是南泉庵正殿——三皇殿，大殿前石阶下有两株三百余年的柏树，树下有两块石碑。该殿进深、面阔均为三开间，硬山式，带前廊。紧邻正殿东西山墙是两座三开间偏殿，庭院的东西两侧为配殿、客堂。该庵布局对称，规整的石砌平台更加强了布局的特色。在配殿后面，相距2米左右又有一排房子，这是后来加建的，做杂物房用。由于向纵深发展受到空间的限制，所以采用向东西两侧扩展的办法，不同于传统的多进院落的建筑空间，这种灵活的建筑手法在千山随处可见。

图7-1 南泉庵总体布置图/对面页
南泉庵在千山北部南泉谷内，依山而建。正殿采取东南向，未拘泥于正南正北的传统，是为了与谷地空间相谐调。院内双重建筑围合空间的布局是因基地面积过狭所致。

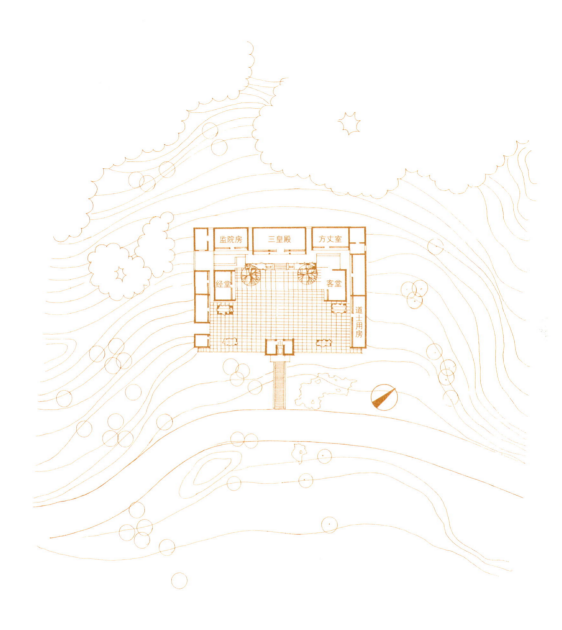

相传，南泉庵曾是千山道教中心，虽无确考，但从碑文记载可知，这里曾是收藏经版和刻印经文的地方，那么它的地位也是非一般道院可比。"文化大革命"时期，百余块经版散失殆尽，现经堂遗存的青石房基尚存，在那里显示着南泉庵沧桑变幻的历史。

南泉庵历史久远，据明代万历四十五年（1617年）重修碑记载，它始建于唐代，经历代多次重修。清康熙年间，龙门派道士王一贯重建南泉庵，废僧庵为道庵，又经多次整修扩建，始成今日之规模。

图7-2 山门外观/前页
山门如同位于高地上的一座关隘。一跑的台阶直抵门前，加强了建筑的气势。暗红色的门扇，白色影壁墙面对比强烈。檐下和侧墙的阴影，突出了大门的形象。

图7-3 三皇殿
两株三百余年的柏树，两通清代石碑，一道花墙和三皇殿共同组合成这雅致、古朴的建筑环境。正殿左侧石碑为嘉庆十四年九月立，右侧石碑为道光四年立，两碑记载了重修经版、经文的经过。

八、群龙戏珠五龙宫

千山寺观

群龙戏珠五龙宫

在千山的中部有这么一个神奇的地方，卧牛、鸟首、双泉、莲籽、双头五条山梁蜿蜒而至，恰似五条神龙从远方奔腾而来，拥向一孤峰，形成一活灵活现的绝景——"五龙戏珠"。

这"龙珠"是千山著名的双泉峰。传说山里人发现千山群峰犹如出水芙蓉，但只有花瓣，没有花蕊，且差一峰不满千数，名不符实，于是合力堆起这座山峰，"千山不足千，人造一株莲。"这个传说给这个奇特的景观增添了无穷的趣味和神秘感。

五龙宫所在的这块风水宝地，"襟龙泉而带祖越，接中会而引香岩。"宫名也因左右前后龙岗互相环绕，与俗传五龙择圣相合而得。建筑基址处于一条南北向带状谷地中，南有双泉峰，北向开敞。按照风水，正殿应有合适的靠山，故将其设于西山下，坐西面东，而不计南北向的传统，这样正殿也避开了山谷劲风的侵袭。由此可见，中国风水理论对建筑布局的影响，以及所带来的环境效益。正对宫墙的东山坡上有两处裸露的岩石，为"左青龙、右白

图8-1 五龙宫总体布置图/对面页
该宫选址于千山绝景——"五龙戏珠"所在之地，是最为成功之处。主殿所处的轴线和日常活动轴线的灵活组织，是宫观空间组织的另一显著特点。

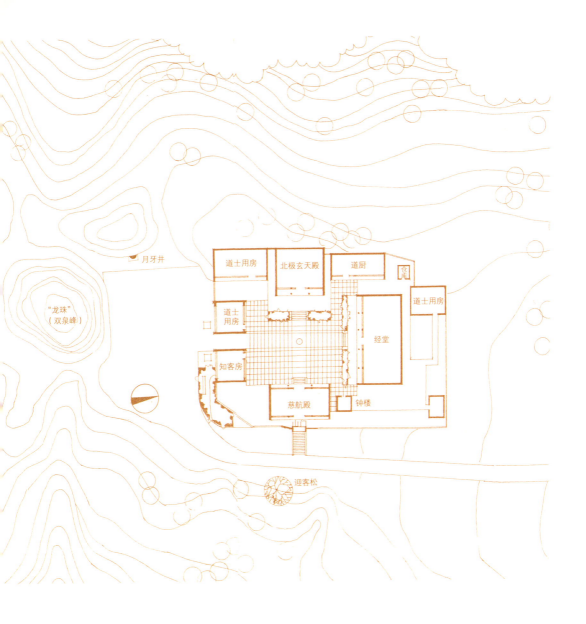

千山寺观

群龙戏珠五龙宫

虎",这是必须保护的,所以将山门向西移,与前殿间只留了1米多的距离,山门前有陡峻的22级大台阶,这样处理便保护了这特异的景观,留出了宫前道路,并保住了一棵珍贵的迎客松。五龙宫设二门,东门只是象征性的,南门为常用门,朝向"龙珠",使宫观与双泉峰遥相呼应。这样,在五龙宫存在两条轴线,一条东西轴线是按传统需要的设计,南北轴线则是适应特殊环境的灵活处理。一个不大的宫观由于选址巧妙和应变处理遂成为千山的一处精华之地。

进入南门,五龙宫的诸殿便展现眼前。正殿是北极玄天殿,前殿是慈航殿,其他经房、客房、钟楼等建筑均为清式建筑,除钟楼为四柱歇山式外,其他都为民间硬山式建筑,屋顶均铺灰色筒瓦。主要建筑梁枋柱头上都绘有青绿彩画,雀替上雕刻有道教常用的游龙、彩凤、麒麟图案,因多用金色,显得色彩夺目。

北极玄天殿供奉的是真武、药王、邱祖、王灵官等道教神像,而慈航殿供奉的是佛教观

图8-2 经堂南望
南门外的山峰是"龙珠"——双泉峰,由此图可见"群龙戏珠"的态势。

图8-3 北极玄天殿东望/前页
素朴的硬山殿房与灵巧的歇山顶钟楼对比强烈，使空间活跃起来。玲珑剔透的铜宝鼎安置在两条轴线交叉处，使整体空间紧凑而活泼。

音菩萨、善财、龙女等神像，这种佛道并存一处的现象在中国也并非鲜见，表明诸神佛尊在中国均有其发扬光大的土壤。佛道并存给一些善男信女们创造了礼神拜佛的便利，也是中国人以平和的心态与智慧接纳四方文化的证明。

五龙宫建于清朝乾隆三年（1738年），为龙门派道士彭复光所创，后经多次重修扩建，现有建筑10幢，面积达500余平方米。

正殿后沿小径可攀至后山巅，可见大仙堂和玉皇阁。在山顶回望，"五峰叠翠，五岳同尊，五云生彩"，五龙宫诸殿历历在目，那精妙的群体构图令人称奇。

图8-4 五龙宫俯视
图中可见宫观和东山的关系。因基地狭窄，东墙已贴近慈航殿。这样的做法，既保护了东山山坡又留出了观前道路。虽已是深秋，东山坡上的迎客松依然苍翠，充满生机。

九、天造地设佛道场

图9-1 五佛顶上敬五佛/前页
五佛峰顶上立有五尊面南背北墨玉石佛，身披红色袈裟，以山峰为宝座，以青天为庙宇，在此广传佛法。

千山群峰挺立，竞秀争奇，五佛顶、仙人台是千山二座最高的山峰，也是最为奇丽的去处。独具慧眼的信徒，将二峰峰顶开发成佛道尊神传经布道的圣地。

五佛顶位于千山北沟西端，海拔554.1米，峰顶下约100米处坐落着普安观。此峰是千山第二高峰，北部景区极顶。五佛顶峰四周峭壁千尺，壑谷千寻。峰顶峻而平，南北长20米，东西宽15米，其上立有5尊面南背北墨玉石佛。

五佛顶原名佛头山。相传千山五大方丈误听唐太宗李世民说"此地无佛"为"此地五佛"，于是五大禅林各派一僧人到河南嵩山少林寺请回五尊石佛，立于佛头山顶，并易山名为"五佛顶"。实际上，五佛顶的开发在明代。明之后，石佛几次减少，几次团圆，现在的石佛已是1991年重新雕镌的了。

仙人台是千山第一高峰，海拔708.3米，位于千山南沟，大安、香岩、中会、五龙宫诸寺观朝卫。作为绝顶之峰被誉为"观渤海、观日出、观莲花、观云飞、观松峰"的观景台。

峰顶宛若神龟，龟背是块长20米，宽5米的浑圆平台，龟头在西端扭头束望。龟头呈四棱状，高7米，直径约25米，当地山民称此石柱为鹅头峰。相传汉时丁令威学道于灵虚山，千年后得道成仙，曾化鹤来千山最高峰布道，仙人台因此得名。清高宗乾隆皇帝曾根据传说

图9-2 千山弥勒大佛

1993年6月4日在千山北部中心发现天然巨石弥勒大佛像。大佛为整座高耸的山峰,坐东朝西,五官清晰,各部分比例匀称。大佛左手处岩石上,刻有佛教协会会长赵朴初手书的"千山弥勒大佛"六个金字。

在《寄题千山》诗中写下了"空传丁令有遗台"的诗句。

古人曾在鹅头峰顶修建一平台,上面基石上刻有棋盘,周围安放铁拐李、汉钟离、张果老、曹国舅、何仙姑、蓝采和、吕洞宾、韩湘子和南极仙翁的石雕坐像。因为八仙弈棋争魁夺冠,胜负难明,特请南极仙翁为之仲裁,所以构成九仙弈棋之状。明代嘉靖年间御史程启充在《游千山记》中就写道,仙人台"上有石枰,九仙环弈焉。"可见当时仙人台的石像就已经存在了,迄今已有400余年的历史。鹅头峰束壁上有2米多高的观世音菩萨像,雕像上方刻有"仙人台"三个篆字,雕像对面的平台正好是朝拜佛像和聆听菩萨说法的最佳场所。有人流传"庙高不过五佛顶",看来此话有误了,应该说"庙高不过仙人台"。

以五佛顶、仙人台两座峰作为佛道尊神活动的场所,显示了千山佛道二家博大的胸襟和气魄。如今古老秀丽的千山又发现了天然的"千山弥勒大佛",这绵延的群山就成了弥勒的道场。

1993年6月4日在千山北部中心发现天然巨石弥勒大佛像,香港"中国通讯社"在1993年9月1日对此消息进行了报道。此报道之后,千山大佛引起了海内外各界人士的注意。

千山弥勒大佛在五佛顶东南,距南泉庵东南300米,海拔526米。整个大佛是一座高耸的

图9-3 大佛近景

大佛为坐态,两手搭在膝上,右臂上还有一尊南极寿佛石像。大佛右手背上有人工凿刻的直径约3米的大圆环,说明这尊石佛在此次发现之前已被前人膜拜。

山峰，坐东朝西，为坐态，佛高70米，肩宽46米，头高9.6米，头宽11.8米，头长4.8米。佛的五官比例匀称，浓眉下的佛眼炯炯有神，大佛左手五指清晰，自然放在膝上，右手握拳，手臂同样放在膝上，右臂之上还端坐一南极寿星，在这里佛道又走到一起来了。在佛家的胸前自然形成一串念珠，大佛的腹部还有一个长2米，宽1.2米的椭圆形洞穴，其边缘还长着两根小松树，这是佛的脐部，佛的底部是两只巨足。

弥勒佛是中国民间信奉的佛祖之一，其名阿逸多，意为"无能胜"。佛典记载，弥勒出生于古代印度一个婆罗门家庭，与释迦佛是同时代人，随释迦修行佛法，他在释迦之前去世。释迦预言，弥勒入灭后将上升兜率天宫继续修行，直至释迦灭度后五十六亿七千万年时，再度下生人间，于华林龙华树下成佛，广传佛法，成为未来世界的佛祖。弥勒佛是希望和未来的象征。

图9-4 山与佛/对面页
由此图可见大佛与群山的关系：山即是佛，佛即是山。经专家考察认定，大佛岩石生成于距今13500万年左右，外貌造型已有一万年。大佛积聚了天地日月精华，是从远古走来的一位神灵。

1993年8月9日，是千山大佛开光的日子，这一天晴空万里。在宣布庆典开始时，大佛的上空飘来七色彩虹，彩虹持续30分钟，空中又相继出现酷似"弥勒"、"观音"的云图，天上地下佛像交相辉映，这些奇异的气候现象被当时在场的鞍山电视台记者拍摄下来。至此，弥勒大佛有了自己的道场，千山成为中国佛教圣地五大道场之一。

千山大佛的发现和庆典时出现的异常现象，使秀美的千山再次蒙上了一层神秘的面纱。风和日丽之时，千山各景区，特别是大佛区游人络绎不绝。千山寺观使我们的民族文化得以发扬光大，使千山的旅游事业更加繁荣，它的建设推动着这个国家级风景名胜区蓬勃和健康地发展。

大事年表

朝代	年号	公元纪年	大事记
元	皇庆二年	1313年	香岩寺立《雪庵和尚金公塔铭》玉质碑一块,翰林学士陈景元撰文,鄂国公史弼书。这是千山最早的碑,现只有碑额八个篆字尚清晰可见
明	天顺五年	1461年	龙泉寺之名记载于《大明一统志》
明	嘉靖四年	1525年	中会寺重修碑记载:"唐敕建古刹有五,中会居其中。"
明	嘉靖九年	1530年	八月十五大安寺造铁钟一口,重约千斤
明	隆庆六年	1572年	寺僧续澄主持重建祖越寺大殿
明	万历二十四年	1596年	建佛教寺庙西明庙
清	康熙六年	1667年	道士刘太琳、王太祥奉师命到千山传道,初居罗汉洞
清	康熙十四年	1675年	无量观道士王一贯将南泉庵由佛庵修建为道庵。据明万历四十五年(1617年)重修碑记载,南泉庵唐时建立
清	康熙十七年	1678年	道士刘太琳在千山创修无量观,道士王太祥创建千山玄真观
清	康熙二十一年	1682年	康熙携皇后、皇四子胤禛及王公大臣侍卫等7万多人东巡祭祖,并游千山,留诗3首
清	乾隆三年	1738年	龙门派道士彭复光创修千山五龙宫
清	乾隆二十五年	1760年	无量观道士钱来吉将佛教西明庙改为道观普安观
清	光绪二十五年	1899年	重修五佛顶二尊石佛,以补五佛之数
中华民国	20年	1931年	张学良等人发起建葛公塔
中华民国	22年	1933年	日本侵略者烧毁香岩寺地藏殿、东极宫全庙,斗姆宫前殿及东客堂,炮毁三清观

朝代	年号	公元纪年	大事记
中华人民共和国		1962年1月	被定为鞍山市文物保护单位，第一批名单有无量观、祖越寺、龙泉寺、中会寺、香岩寺
		1966年8月	"文化大革命"时各寺观遭不同程度的破坏
		1972年	鞍山园林管理部门修复千山无量观殿堂57间，计1010平方米
		1974年	建千山风景区正门
		1991年	千山风景管理局在河北省曲阳重新雕镌五尊墨玉石佛，并立于五佛顶
		1993年6月4日	在千山北部中心发现天然巨石弥勒大佛像
		1993年8月9日	举行千山天然弥勒大佛开光庆典，是日天空晴朗，在庆典时出现彩虹、"弥勒"、"观音"云图等异常现象

"中国精致建筑100"总编辑出版委员会

总策划：周 谊 刘慈慰 许钟荣
总主编：程里尧
副主编：王雪林
主　任：沈元勤 孙立波
执行副主任：张惠珍
委员（按姓氏笔画排序）

王伯扬 王莉慧 田　宏 朱象清 孙书妍
孙立波 杜志远 李建云 李根华 吴文侯
辛艺峰 沈元勤 张百平 张振光 张惠珍
陈伯超 赵　清 赵子宽 咸大庆 董苏华
魏　枫

图书在版编目（CIP）数据

千山寺观 / 鲍继峰撰文 / 鲍继峰等摄影 / 崔光海等制图. —北京：中国建筑工业出版社，2013.10
（中国精致建筑100）
ISBN 978-7-112-15979-6

Ⅰ. ①千… Ⅱ. ①鲍… ②鲍… ③崔… Ⅲ. ①佛教–寺庙–介绍–辽宁省②道教–寺庙–介绍–辽宁省 Ⅳ. ① K978.75

中国版本图书馆CIP 数据核字（2013）第241588号

©中国建筑工业出版社

责任编辑：董苏华 张惠珍 孙立波
技术编辑：李建云 赵子宽
图片编辑：张振光
美术编辑：赵　清　康　羽
书籍设计：瀚清堂·赵　清　周伟伟　康　羽
责任校对：张慧丽 陈晶晶 关　健
图文统筹：廖晓明 孙　梅 骆毓华
责任印制：郭希增 臧红心
材料统筹：方承艺

中国精致建筑100

千山寺观

鲍继峰 撰文 / 鲍继峰 王严力 摄影 / 崔光海 鲍继峰 制图

中国建筑工业出版社出版、发行（北京西郊百万庄）
各地新华书店、建筑书店经销
南京瀚清堂设计有限公司制版
北京顺诚彩色印刷有限公司印刷

开本：889×710 毫米 1/32 印张：3 插页：1 字数：125 千字
2016年5月第一版 2016年5月第一次印刷
定价：**48.00元**
ISBN 978-7-112-15979-6
　　　（24371）
版权所有 翻印必究
如有印装质量问题，可寄本社退换
（邮政编码 100037）